Clémentine Guivarc'h

À la découverte de BROCÉLIANDE

Au Bord des Continents... Éditions

CONNAIS-TU LA FORÊT DE BROCÉLIANDE ?

C'est une forêt magique où l'on peut rencontrer de bien étranges personnages. Vois-tu celui qui arrive avec son long chapeau pointu et sa barbe blanche ?

C'est Merlin. Merlin l'Enchanteur. Il possède de grands pouvoirs, et sa maison se trouve au plus profond des bois.

Aimes-tu les histoires et les jeux ?
Accompagne son ami Arthur dans une aventure merveilleuse !

Notre histoire commence dans l'antre de l'Enchanteur...

CE JOUR-LÀ, ARTHUR REND VISITE À MERLIN. LE MAGICIEN CONFIE AU JEUNE ROI UNE MISSION : IL LUI FAUDRA TRAVERSER LA FORÊT DE BROCÉLIANDE ET RETROUVER LA FAMEUSE COUPE DU GRAAL !

MAIS POUR CELA, IL VA DEVOIR AFFRONTER UN GRAND DANGER !

Sois
1
GON
garde l'
13
une
K

POUR SE LANCER DANS UNE TELLE AVENTURE, IL FAUT ÊTRE ÉQUIPÉ. ARTHUR ENFI SON ARMURE ET SES BOTTES, PUIS SE REND À L'ARMURERIE POUR Y CHERCHE EXCALIBUR, SA CÉLÈBRE ÉPÉE ! MAUVAISE SURPRISE, EXCALIBUR A ÉTÉ RANGÉE AV PLEIN D'AUTRES ÉPÉES...

IL FAUT LA RETROUVER EN SUIVANT LA DESCRIPTION.

À TOI DE JOUER !

- Excalibur est une épée
- Sa lame n'est pas bleue et n'est pas dentelée
- Elle est ornée d'un rubis

ÉQUIPÉ DES PIEDS À LA TÊTE, ARTHUR PÉNÈTRE DANS LA FORÊT DE BROCÉLIANDE
ARRIVE DANS UNE CLAIRIÈRE TRÈS ANIMÉE ! ELLE DISSIMULE DES OBJETS DE TOUT
SORTES. L'UN D'ENTRE EUX EST ENCHANTÉ, SAURAS-TU LE RETROUVER ?

- Commence entre les arbres jumeaux
- Descends puis prends le premier chemin à droite
- Un animal porte un drôle de chapeau ? Arrête-toi !
- Trouve l'autre personnage qui porte le même chapeau
- Combien de motifs figurent sur son vêtement ?
- Maintenant, trouve le champignon qui a le même nombre de pois sur son chapeau
- Regarde bien ce qui pousse dans l'arbre à côté du champignon
- Quelqu'un est en train d'en manger, cherche-le
- L'objet enchanté est à ses pieds

MALHEUR ! UN REDOUTABLE INDIVIDU DÉFIE LE PETIT ROI !

C'EST LE CHEVALIER **NOIR** ! IL N'AUTORISERA ARTHUR À POURSUIVRE SA ROUT
QUE S'IL TROUVE LES SIX LAPINS CACHÉS DANS LA FORÊT.

POUR LE SORTIR DE CE MAUVAIS PAS, SOIS ATTENTIF,
ILS SONT BIEN CACHÉS...

VOICI DÉJÀ LA LÉGENDAIRE **FONTAINE DE BARENTON**, SOURCE D'EAU MAGIQUE. IL Y A DE L'ACTIVITÉ, PAR ICI ! QUATRE PERSONNAGES NE DISENT PAS LA VÉRITÉ.

DÉMASQUE-LES !

On a volé ma louche !
Il y a quatre champignons à la page précédente
Il y a dix arbres
Le poisson n'a pas la bouche fermée
Je couve trois œufs !
Je suis tout mouillé à cause de mon sortilège de pluie !
lala lalala lalaaa ! est la seule lutine ns cette forêt
Mon cavalier a une belle moustache

ALORS QU'ARTHUR CONTINUE D'AVANCER DANS LA FORÊT, UNE PLAINTE A
SON ATTENTION. C'EST UNE LICORNE BLESSÉE QUI GÉMIT. NI UNE, NI DEUX, LE PETIT
COMMENCE À LA SOIGNER, TANDIS QU'ELLE LUI RACONTE CE QUI LUI EST ARRIVÉ.

DÉCHIFFRE LE RÉBUS POUR LE DÉCOUVRIR !

MAINTENANT, NE DOIT PLUS ÊTRE
OIN DE LA GROTTE DONT LUI A PARLÉ
LIN. MAIS IL LUI FAUT TRAVERSER
AL SANS RETOUR.

FATIGUÉ, AFFAMÉ ET LES PIEDS ENDOLORIS, ARTHUR PE
SE REPOSER CHEZ LA **FÉE VIVIANE**, QUI L'ACCUEILLE DANS SO
PALAIS DE CRISTAL. C'EST UN VÉRITABLE FESTIN QUI L'ATTEN
DE QUOI REPRENDRE DES FORCES AVANT DE REPARTIR.

SON ALIMENT PRÉFÉRÉ FIGURE EN DOUBLE
DANS L'IMAGE. L'AS-TU TROUVÉ ?

PLEIN D'ÉNERGIE, LE PETIT ROI CONTINUE SA ROUTE. IL ARRIVE À PRÉSENT PRÈS D'
REMARQUABLE MÉGALITHE. C'EST LE TOMBEAU DU GÉANT.

MAIS QUEL **BROUHAHA** !
REDONNE SA BULLE À CHAQUE PERSONNAGE.

Je n'aime pas trop être
pris en photo...
Chouette ! Un hibou !
Vite, je vais le prendre en photo

NE SERAIT-CE PAS LA GROTTE, QU'ARTHUR APERÇOIT DERRIÈRE DE GRANDS ARBRE
ENFIN ! LE VOICI AU BOUT DE SON VOYAGE.
UN GRAND MIROIR FAIT OFFICE DE PORTE.

POUR QUE CELLE-CI S'OUVRE, IL FAUT TROUVER
LES SEPT DIFFÉRENCES ENTRE ARTHUR ET SON REFLET.

Arthur avance dans l'obscurité quand, soudain, le scintillement d'une montagne d'or et de pierres précieuses éclaire le terrifiant dragon ! Et, au milieu de toutes ces richesses, le jeune roi aperçoit la coupe du Graal !

Seule solution pour la subtiliser, lancer Excalibur sur une stalactite pour que celle-ci tombe et assomme le dragon !

OUVE LA STALACTITE CORRESPONDANT À LA
HOUETTE ENCADRÉE AVANT QUE LE DRAGON NE
ACHE DES FLAMMES !!!

SERAS-TU ... LES ÉLÉME... ...ONTRE
CACHÉS DANS L'IMAGE ?

LES PETITS SECRETS DE LA FORÊT DE BROCÉLIANDE

ARTHUR

C'est le roi de Bretagne. Il a réuni autour de la Table ronde les meilleurs chevaliers du royaume.

MERLIN

C'est le plus grand des magiciens. Après avoir élevé Arthur, il l'a fait roi et est devenu son conseiller.

VIVIANE

C'est la fée dont Merlin
tombé éperdument amoure
lui a construit un palais de c
au fond d'un lac et lui a ens
tous ses secrets de magic

LE MIROIR AUX FÉES

Les nuits de pleine lune, les fées viennent se mirer dans les eaux cristallines de cet étang.

LE VAL SANS RETOUR

C'est un lieu enchanté où
Morgane, la grande magicien
retient prisonniers, entre des r
invisibles, les chevaliers de
la Table ronde.

LE TOMBEAU DES GÉANTS

légende rapporte qu'un géant
vaincu par les chevaliers de la
Table ronde y est enterré.

EXCALIBUR

C'est après avoir arraché cette épée magique du rocher où elle était plantée qu'Arthur est devenu roi.

LA FONTAINE DE BARENTON

Si l'on verse de l'eau sur la pierre qui la borde (le « Perron de Merlin ») un violent orage se déclenche. C'est le Chevalier noir qui en est le gardien.

LE SAINTGRAAL

est une coupe précieuse dans
quelle le sang de Jésus a été
ueilli. Tous les chevaliers de la
le ronde sont à sa recherche.

LES KORRIGANS

On peut voir ces lutins, qui peuplent la Bretagne, danser toutes les nuits autour des menhirs et des dolmens.

LE DRAGON

C'est la plus redoutable des créatures de la forêt et un farouche gardien de trésor.

SOLUTIONS

Rébus : Sois courageux, car un dragon garde le trésor dans une caverne.

Excalibur est la première épée de la deuxième rangée.

L'objet enchanté est le téléphone rouge.

Tu trouveras les lapins dans les cercles rouges.

La souris, le renard, le lutin et le Chevalier noir ne disent pas la vérité.

L'élément manquant sur la page de droite est la grenouille violette.

Rébus : Je me suis blessée en échappant au dragon.

Pour traverser le Val sans retour, suis le chemin indiqué.

L'aliment préféré d'Arthur est le champignon.

Le hibou n'aime pas être pris e photo. La petite fille photograp un hibou. Le géant aime jongle avec ses menhirs et Arthur aimerait faire comme lui.

Les sept différences sont entourées de cercles rouges.

La stalactite qui va assommer dragon est entourée en rouge.

Les éléments qu'il fallait trouv sont entourés de cercles rouge

© Éditions « Au Bord des Continents... »
mail@au-bord-des-continents.com – www.au-bord-des-continents.com
Maquette : Anne-Cécile Bobin

Un grand merci à Charlotte pour ses conseils avisés !

Illustrations et textes : Clémentine Guivarc'h
http://clementineguivarch.ultra-book.com/

« Loi n°49-956 du 16 juillet 1949 sur les publications destinées à la jeunesse, modifiée par la loi n°2011-525 du 17 mai 2011.»

ISBN : 978-2-37051-076-1
Dépôt légal : mars 2024 – Imprimé en Union européenne